Math in Focus

Matemáticas de Singapur de Marshall Cavendish

Enriquecimiento

KA

Autora
Dra. Pamela Sharpe

Distribuido por

HOUGHTON MIFFLIN HARCOURT

Published by Marshall Cavendish Education
An imprint of Marshall Cavendish International (Singapore) Private Limited
Times Centre, 1 New Industrial Road, Singapore 536196
Customer Service Hotline: (65) 6411 0820
E-mail: tmesales@sg.marshallcavendish.com
Website: www.marshallcavendish.com/education

Distributed by
Houghton Mifflin Harcourt
222 Berkeley Street
Boston, MA 02116
Tel: 617-351-5000
Website: www.hmheducation.com/mathinfocus

English Edition 2009
Spanish Edition 2012

Math in Focus® Kindergarten Enrichment A
ISBN 978-0-547-66672-3

Printed in Singapore

2 3 4 5 6 7 8 1897 17 16 15 14 13 12
4500367877 A B C D E

Contenido

Presentación de Math in Focus®

Enriquecimiento KA

Los ejercicios de *Enriquecimiento KA* y *KB* se escribieron para complementar *Math in Focus®: Matemáticas de Singapur de Marshall Cavendish,* Grado K. Están diseñados para estudiantes avanzados que requieren ejercicios y preguntas a un nivel más alto del que se incluye en los Libros del estudiante.

Para resolverlos, los estudiantes deben usar sus conocimientos básicos de matemáticas y los conceptos y destrezas que hayan aprendido más recientemente, combinando estrategias de resolución de problemas con destrezas de razonamiento crítico.

Los ejercicios de *Enriquecimiento* sirven para reforzar destrezas de razonamiento crítico tales como: clasificar, comparar, secuenciar, analizar las partes y el entero e identificar patrones y relaciones.

Este componente incluye un conjunto de problemas que deben resolverse al terminar cada capítulo. Los ejercicios de *Enriquecimiento* se pueden asignar al estudiante mientras sus compañeros trabajan en *Práctica adicional,* o mientras la clase trabaja en los capítulos siguientes.

Nombre: ______________________ Fecha: ____________

Los números hasta el 5

Haz un dibujo

1 Jill quiere la misma cantidad que Amy.

Dibuja  para Jill.

Nombre: ______________________ **Fecha:** ______________

RESOLUCIÓN DE PROBLEMAS

Destrezas de razonamiento

¿Qué es diferente? Colorea lo que sea diferente.

Nombre: ______________________ Fecha: ______________

RESOLUCIÓN DE PROBLEMAS

Estrategias

¿Cuántos hay? Dibuja la misma cantidad.

Ejemplo:

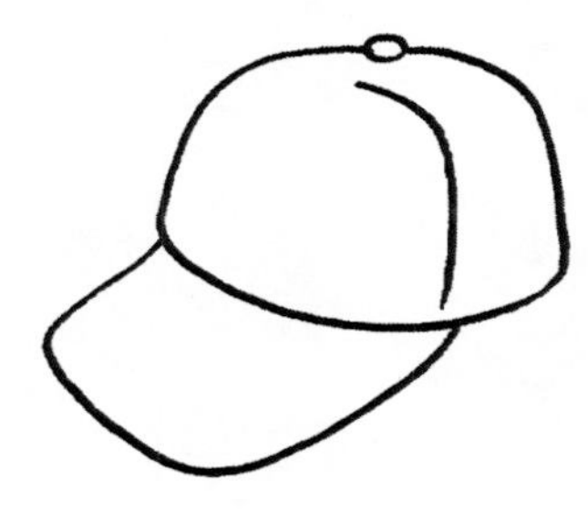

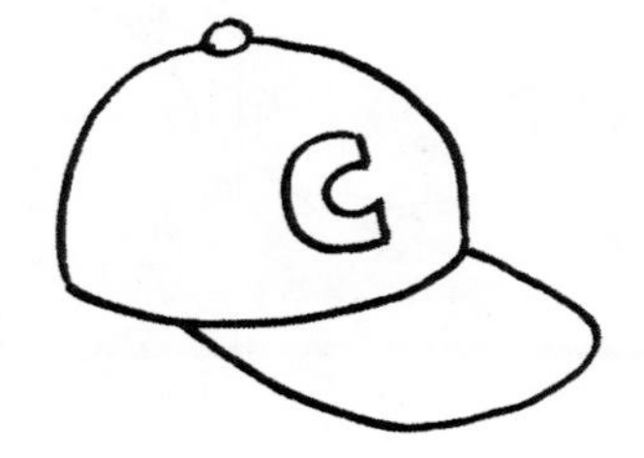

¿Cuántas hay? ________

Nombre: ______________________ Fecha: ______________

¿Cuántos hay? ________

¿Cuántas hay? ________

Nombre: ______________________ Fecha: ____________

RESOLUCIÓN DE PROBLEMAS

Exploración

6 El conejo quiere 4 huevos.
Colorea la canasta que debe elegir.

Nombre: ______________________________ Fecha: ______________

Escribe en tu diario

¿Verdadero o falso?

7 Escribe *verdadero* o *falso*.

Si es falso, dile a tu amigo por qué.

a.

____

b.

____

c.

____

d.

____

Nombre: ______________________ Fecha: ______________

Los números hasta el 10

Haz un dibujo

Dibuja más  que 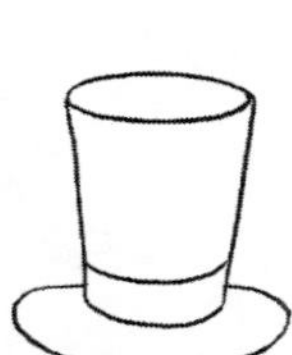 .

¿Cuántas cosas hay? Cuenta y escribe.

______

Nombre: ______________________ Fecha: ______________

RESOLUCIÓN DE PROBLEMAS

Destrezas de razonamiento

Dibuja más para completar 9.

3

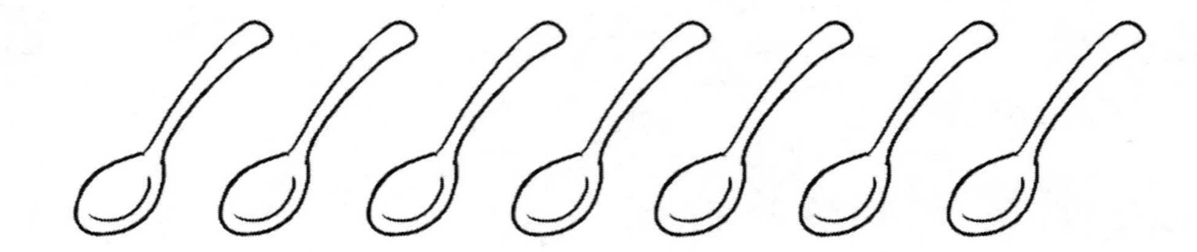

4

5

Nombre: ______________________ Fecha: ______________

RESOLUCIÓN DE PROBLEMAS

Estrategias

Colorea.

Ejemplo:

Colorea diferentes formas de mostrar 4.

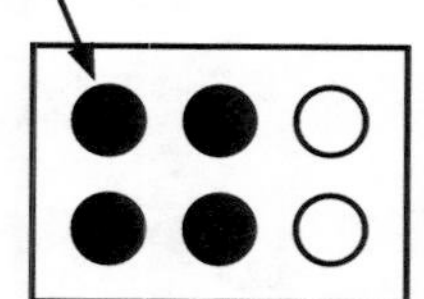
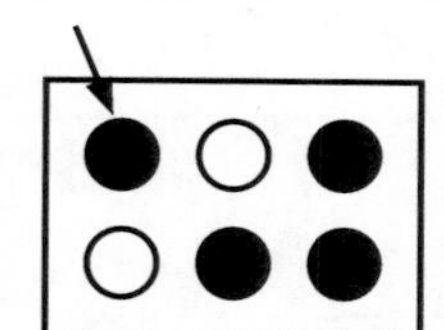
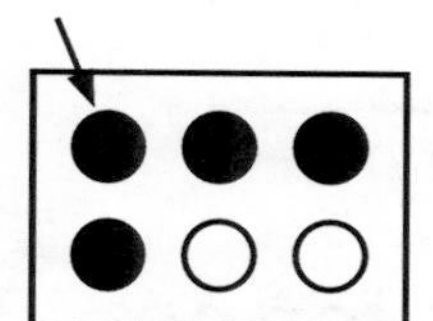

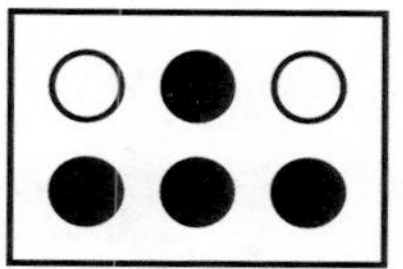
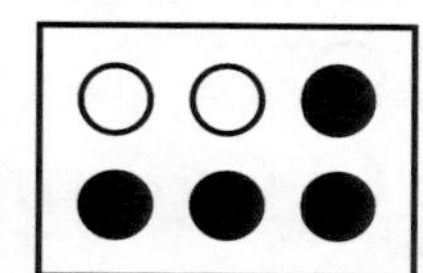
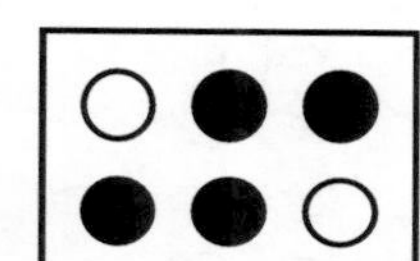

Puedes empezar con el mismo punto...

O puedes empezar con un punto diferente.

 Colorea diferentes formas de mostrar 5.

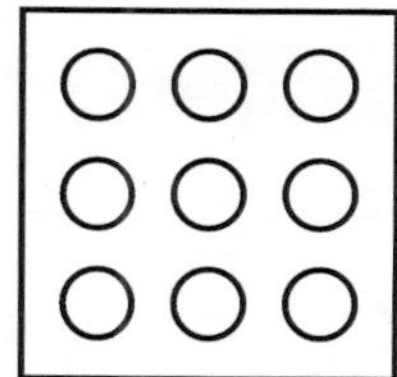

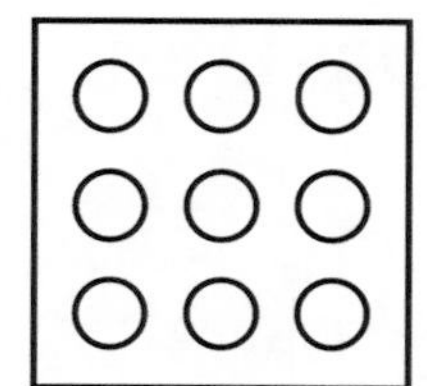

Nombre: ____________________ Fecha: ____________

Colorea diferentes formas de mostrar 6.

Colorea diferentes formas de mostrar 7.

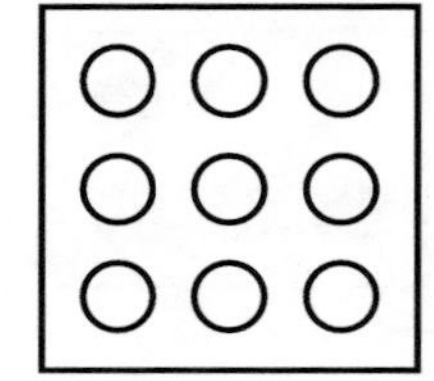

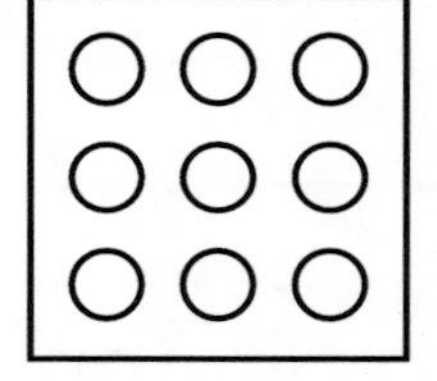

Colorea diferentes formas de mostrar 8.

Nombre: ______________________ Fecha: ____________

RESOLUCIÓN DE PROBLEMAS

Exploración

Cuenta y escribe.
Dibuja la misma cantidad en una forma diferente.

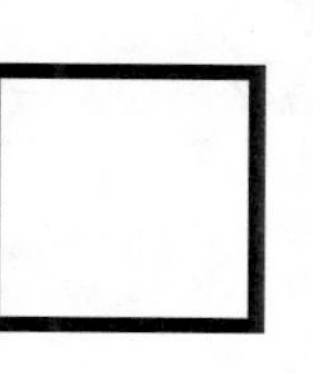

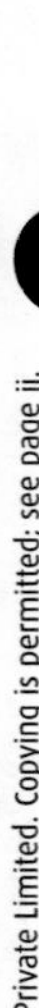

Nombre: ______________________ Fecha: ____________

Escribe en tu diario

Di qué falta.
Completa el conjunto.

14

15

16

Haz tu propio dibujo de "Di qué falta".

17

Nombre: ______________________ Fecha: ______________

TRABAJAR EN GRUPO **Juego**

¡Más, menos e igual!

Jugadores: 4
Materiales:
40 fichas
(10 por jugador)

Jugador 1	Jugador 2
Jugador 3	Jugador 4

PASO **1** El jugador 1 coloca de 1 a 9 fichas en su casilla y dice: 1 más, 1 menos o un número igual.

PASO **2** Los jugadores 2, 3 y 4 colocan fichas en su casillas para mostrar 1 más, 1 menos o un número igual.

PASO **3** Los jugadores comprueban las fichas que tiene cada uno y luego empiezan otra ronda. Asegúrese de que todos los niños hagan el papel del jugador 1.

Nombre: ______________________ Fecha: ______________

CAPÍTULO 3 Ordenar por tamaño, longitud o peso

Haz un dibujo

1 Dibuja dos objetos de diferente tamaño y longitud.

Nombre: ______________________ Fecha: ____________

RESOLUCIÓN DE PROBLEMAS

Destrezas de razonamiento

2 Empareja. Luego, colorea un objeto grande para Papá Oso y un objeto pequeño para Bebé Oso.

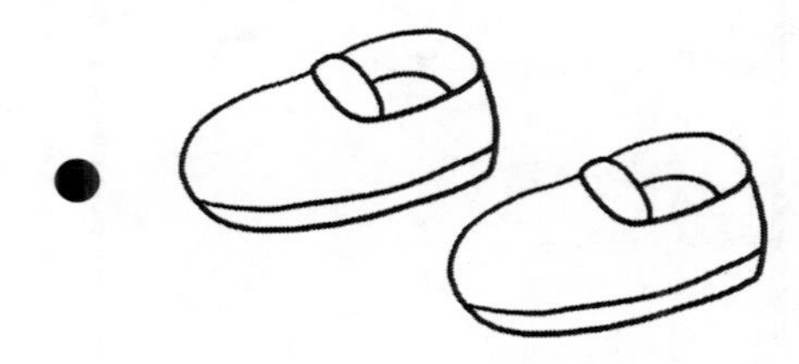

Nombre: ______________________ Fecha: ______________

RESOLUCIÓN DE PROBLEMAS

Estrategias

¿Qué falta? Dibújalo.

Ejemplo:

Todos son niños.

niño pequeño, niño de tamaño mediano…

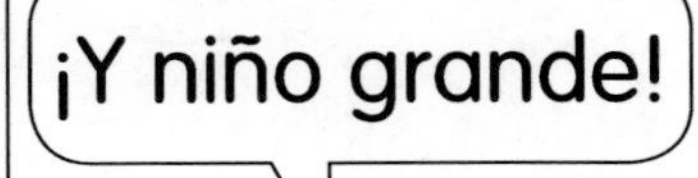

3

Nombre: ______________________ **Fecha:** ______________

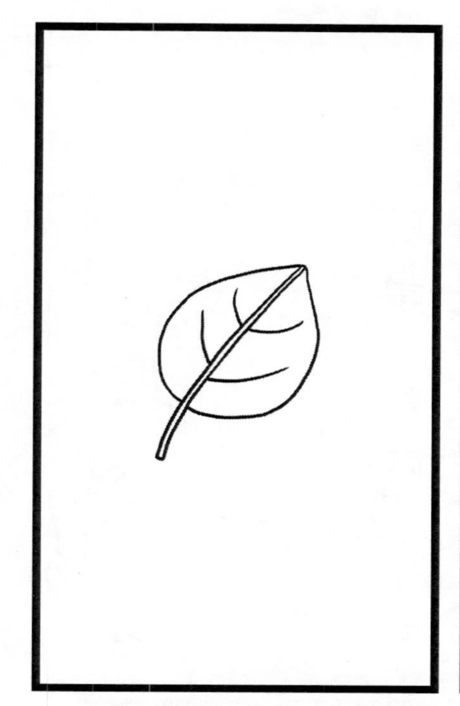

Nombre: ______________________ Fecha: ______________

RESOLUCIÓN DE PROBLEMAS

Exploración

Se necesitan sillas para 5 niños.
Colorea el objeto que necesitan.

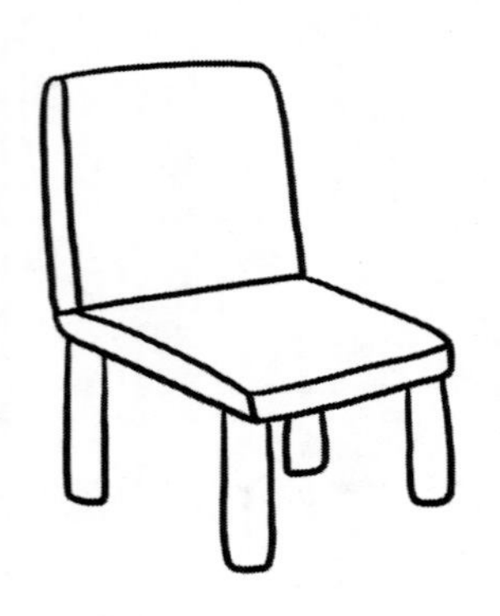

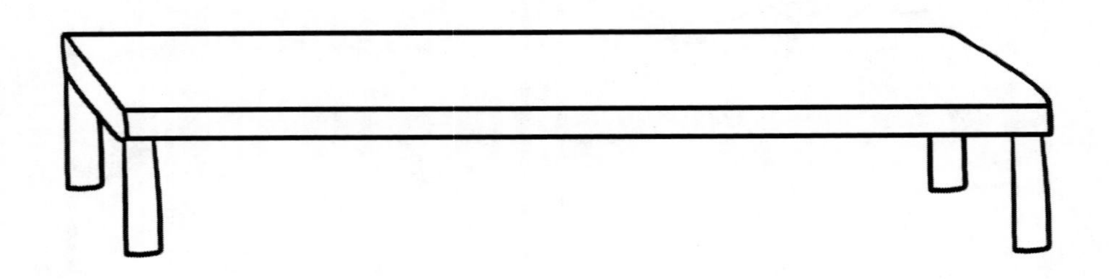

Nombre: ______________________ Fecha: ______________

Escribe en tu diario

¿Verdadero o falso?

7 Escribe *verdadero* o *falso*.

Si es falso, dile a tu amigo por qué.

a.

____

b.

____

c. **d.**

______________________ ______________________

Nombre: ______________________ Fecha: ______________

Contar y los números de 0 a 10

Haz un dibujo

1 Dibuja 6 manzanas en la Canasta A.
Dibuja menos manzanas en la Canasta B.

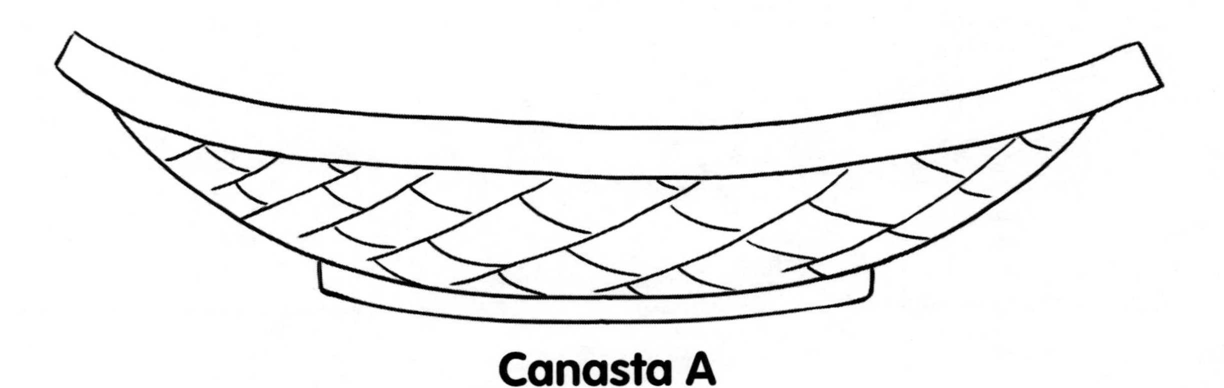

Canasta A

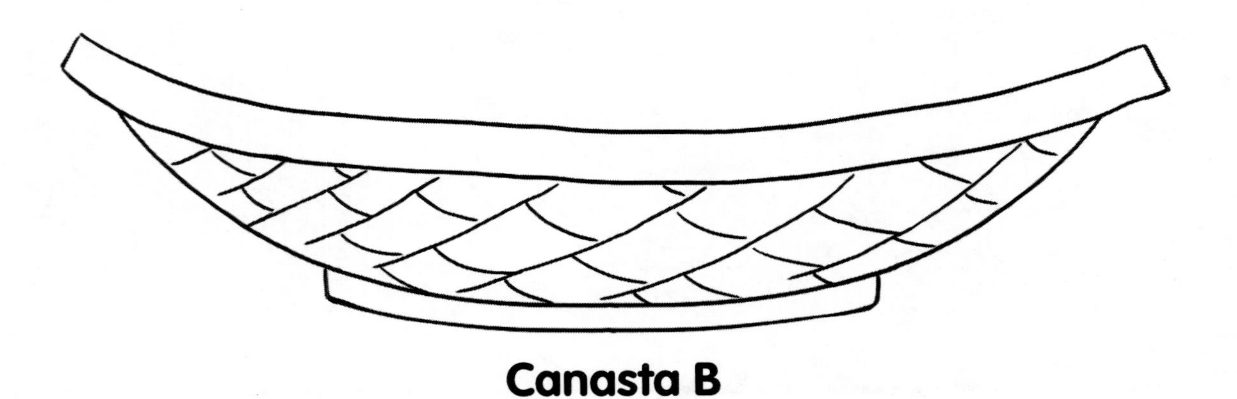

Canasta B

Nombre: ______________________ Fecha: ______________

RESOLUCIÓN DE PROBLEMAS

Destrezas de razonamiento

Encierra la respuesta en un círculo.

2 ¿9 es cuánto más que 7?

1 3 2

3 ¿5 es cuánto menos que 8?

3 5 2

4 ¿Cuáles números son menores que 6?

2 8 0 6 9 7 4

5 ¿Cuáles números son mayores que 4?

1 6 2 7 9 0 3

6 ¿Cuáles números vienen después de 5?

6 3 8 1 5

Nombre: ______________________ Fecha: ______________

Estrategias

Lee y colorea.

Ejemplo:

Colorea los dos números que suman 4.

3 2

Colorea los dos números que suman 2.

0 2 1

1 1 3

Nombre: ______________________ Fecha: ______________

Colorea los dos números que suman 5.

9

3	2	1

10

4	0	5

Colorea los dos números que suman 6.

11

3	3	1

12

5	2	1

Colorea los dos números que suman 9.

13

7	8	2

14

3	4	6

Nombre: ______________________________ Fecha: ________________

RESOLUCIÓN DE PROBLEMAS

Exploración

Cuenta y escribe.

15

¿Cuántos 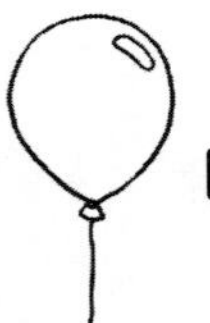 más necesitamos? ______

16

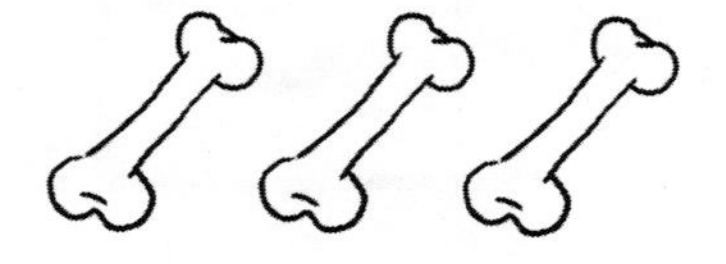

¿Cuántos  más necesitamos? ______

Nombre: ______________________ Fecha: ______________

Escribe en tu diario

Completa los espacios en blanco.

17 El granjero Brown tiene 10 huevos, pero deja caer 3 al suelo. El granjero Jones tiene 5 huevos y compra 4 más.

el granjero Brown

el granjero Jones

¿Quién tiene más huevos? ______________________

Dile a tu amigo por qué.

Nombre: ______________________ Fecha: ______________

Juego

¡Más, menos e igual!

Jugadores: 2
Materiales:
tarjetas de números 0 a 9
tarjetas de puntos 0 a 9
10 fichas

Jugador 1	Jugador 2

PASO **1** El jugador 1 levanta las tarjetas de números mientras el jugador 2 levanta las tarjetas de puntos.

PASO **2** Los jugadores 1 y 2 voltean una tarjeta de su montón al mismo tiempo y el primer jugador en decir si la tarjeta es *más, menos,* o *igual* recibe una ficha.

PASO **3** Después de usar todas las tarjetas, los jugadores comparan la cantidad de fichas que tiene cada uno para ver quién tiene más y quién tiene menos.

Nombre: ______________________ Fecha: ______________

Tamaño y posición

Haz un dibujo

1. Dibuja una pelota entre dos casas.
Dibuja a un niño al lado de la pelota.

Nombre: ______________________ Fecha: ______________

RESOLUCIÓN DE PROBLEMAS

Destrezas de razonamiento

¿Dónde caben las cosas? Empareja.

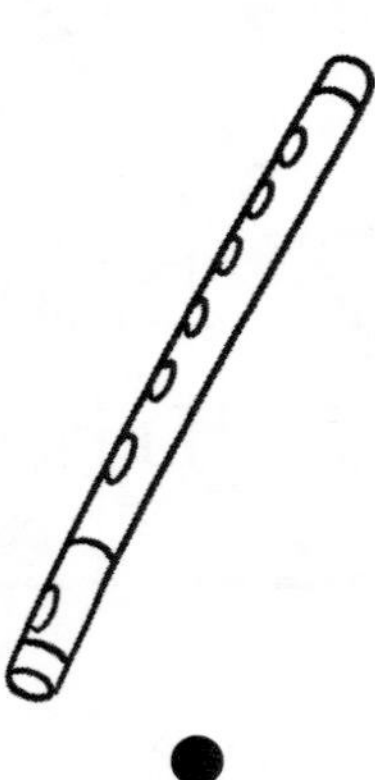

Nombre: ______________________ Fecha: ______________

RESOLUCIÓN DE PROBLEMAS

Estrategias

¿Dónde están las cosas? Colorea la respuesta.

Ejemplo:

¿Está el cachorro dentro de la silla?

¡El cachorro está debajo de la silla!

El  está

encima
en frente
detrás

de la 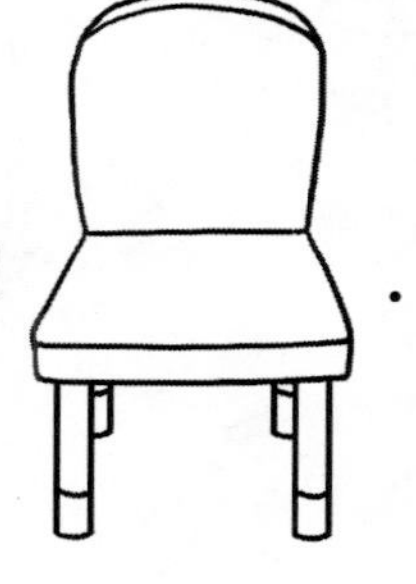 .

Nombre: ______________________ Fecha: ______________

4 El está [detrás / afuera / dentro] de la 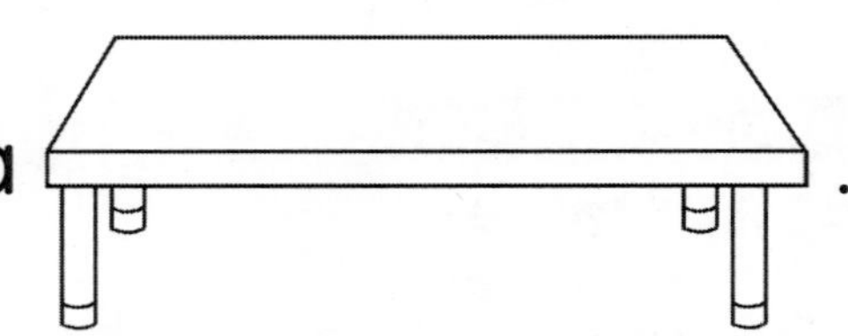 .

detrás
afuera
dentro

5 La está [detrás de / afuera de / entre] la  y la .

detrás de
afuera de
entre

6 El está [dentro / afuera / debajo] de la  .

dentro
afuera
debajo

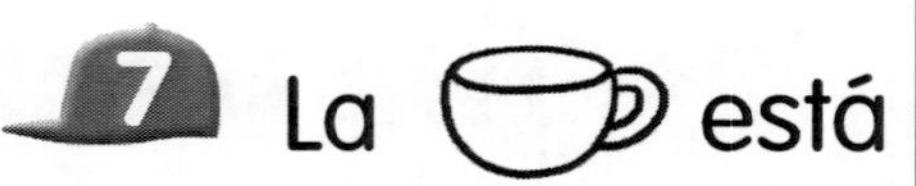

7 La está [detrás / en frente / encima] del  .

detrás
en frente
encima

Nombre: ______________________ Fecha: ______________

RESOLUCIÓN DE PROBLEMAS

Exploración

8 Tom quiere una pelota del mismo tamaño, 1 pelota grande y 2 pelotas pequeñas.

Nombre: ______________________________ Fecha: ______________

Escribe en tu diario

¿Qué haces?

9 Dibuja lo que haces antes y después de cada actividad.

a. Yo [ ] antes de  .

b. Yo [ ] después de  .

c. Yo  antes de  .

Nombre: ______________________ Fecha: ______________

Los números de 0 a 20

Haz un dibujo

1 Dibuja 12 pájaros en la Cerca A.
Dibuja más pájaros en la Cerca B.

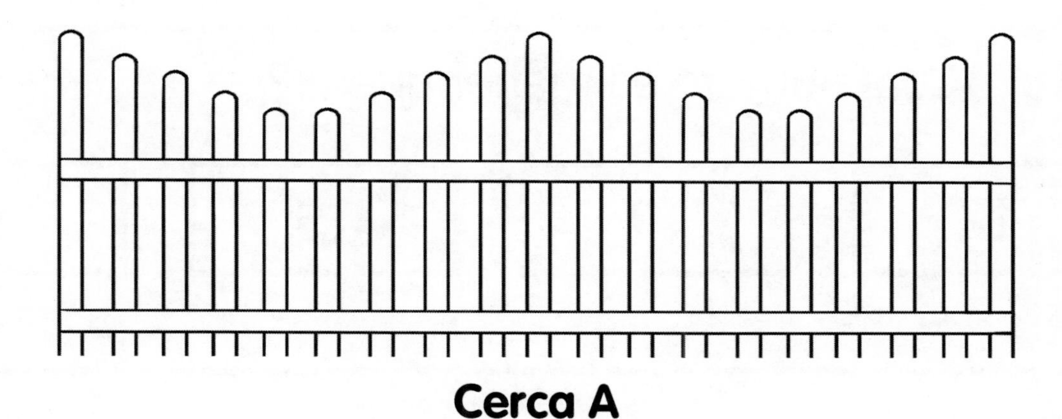

Cerca A

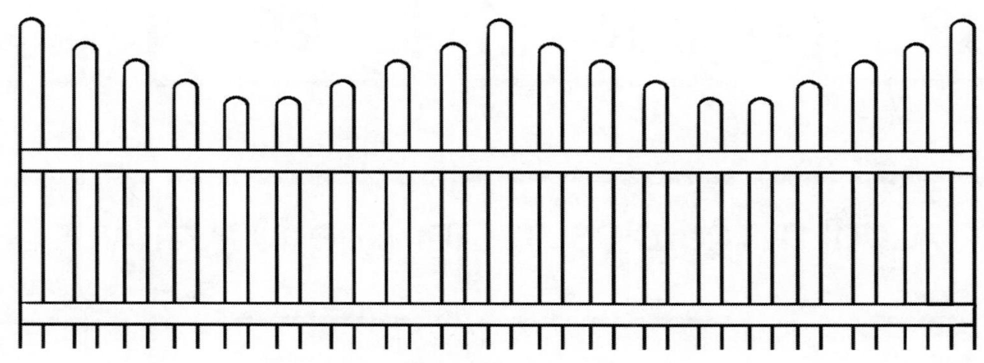

Cerca B

¿Cuántos pájaros más hay en la Cerca B? ______

Nombre: ______________________ Fecha: ______________

RESOLUCIÓN DE PROBLEMAS

Destrezas de razonamiento

Lee y colorea.

2 ¿Cuál número es mayor que 17?

8	16	20	10

3 ¿Cuál número es menor que 14?

17	19	15	9

4 ¿Cuál número es mayor que 15 **y** menor que 18?

19	16	20	14

5 ¿Cuál número es menor que 16 **y** mayor que 13?

12	11	17	15

Nombre: ______________________ Fecha: ______________

RESOLUCIÓN DE PROBLEMAS

Estrategias

Muestra los números en los cuadros de diez.

Ejemplo:

8	6

8 es 5 y 3.
6 es 5 y 1.

Usa el 5 y el 5 para rellenar el primer cuadro de diez. Luego, usa el 3 y el 1 para rellenar el segundo cuadro de diez.

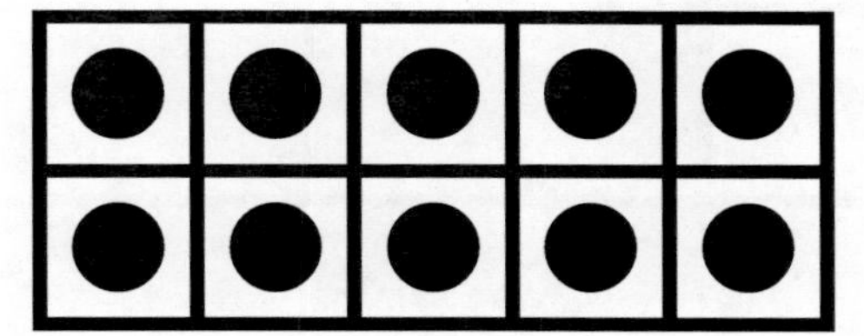

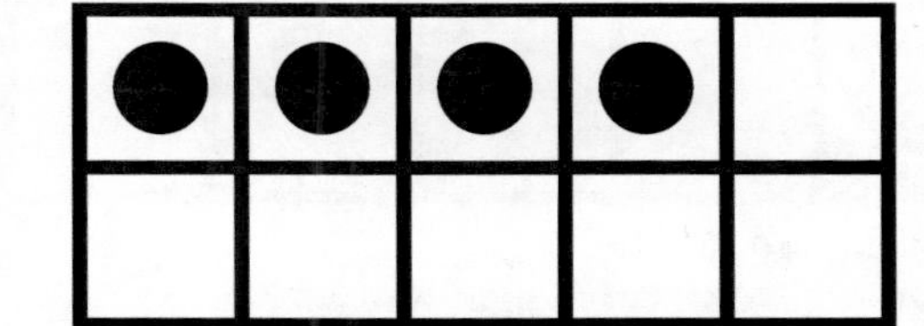

6

5	9

Nombre: ______________________ Fecha: ______________

Muestra los números en los cuadros de diez.

7 | 7

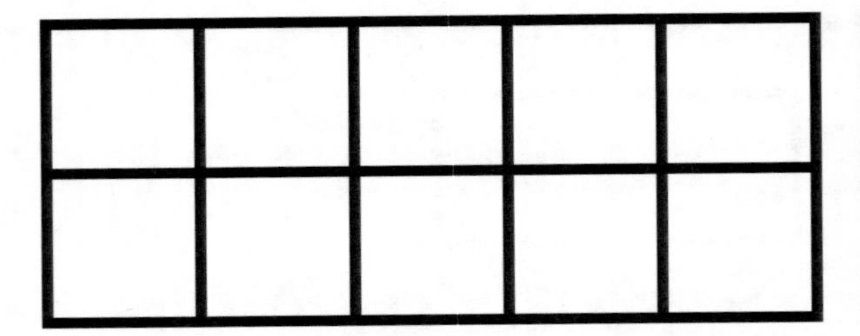

6 | 9

5 | 7

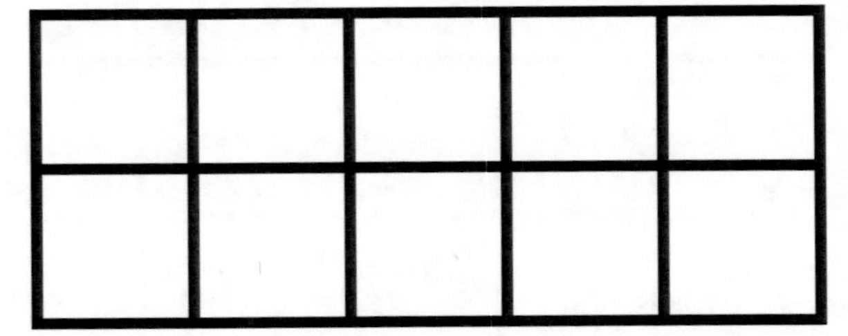

Nombre: ______________________ Fecha: ____________

RESOLUCIÓN DE PROBLEMAS

Exploración

Lee y escribe.

Estoy pensando en un número. Es mayor que 12 y menor que 15. ¿Qué número es?

Es el número ______ ó ______ .

Estoy pensando en un número. Es menor que 20 y mayor que 17. ¿Qué número es?

Es el número ______ ó ______ .

Estoy pensando en un número. Es mayor que 7 **y** menor que 18. Cabe bien en cuadros de cinco. ¿Qué número es?

Es el número ______ ó ______ .

Nombre: ____________________ Fecha: ____________

Escribe en tu diario

Dibuja los patos. Luego, completa los espacios en blanco.

13 14 patos estaban nadando en la Laguna A. 2 patos se salieron y se fueron a la Laguna B. Otros 13 patos llegaron a la Laguna B y otros 4 patos llegaron a la Laguna A.

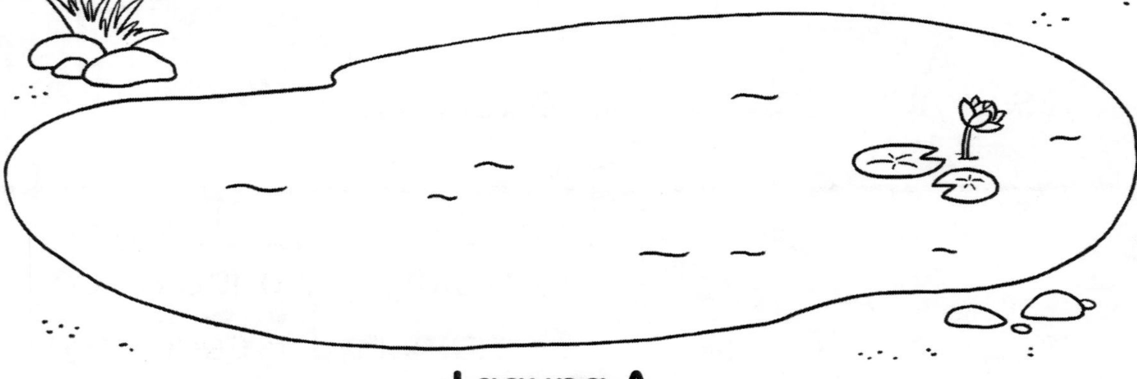

Laguna A

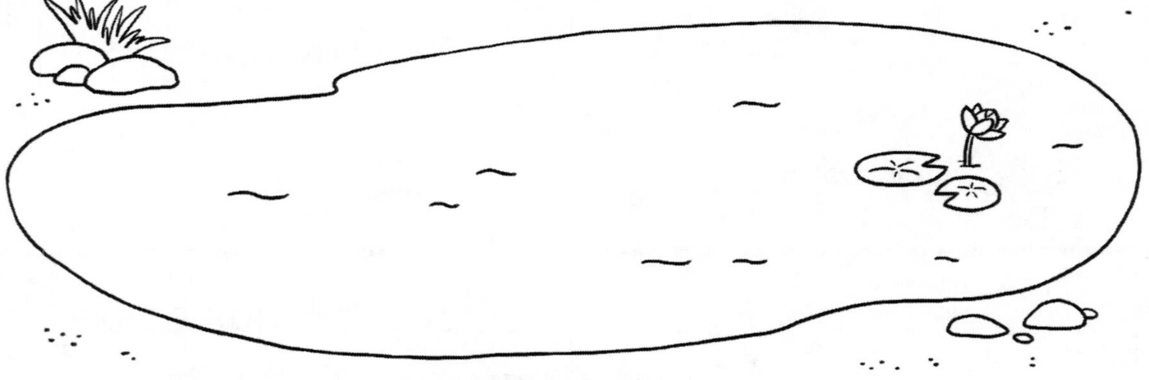

Laguna B

¿Cuántos patos hay en la Laguna A? ________

¿Cuántos patos hay en la Laguna B? ________

¿En cuál laguna hay más patos? ________

Dile a tu amigo por qué.

Nombre: ______________________ Fecha: ______________

TRABAJAR EN PAREJAS **Juego**

Mayor que y menor que

Jugadores: 2
Materiales:
20 fichas
20 clips

Jugador 1	Jugador 2

PASO 1 El jugador 1 coloca un puñado de fichas dentro de su caja y dice: Quiero más (menos).

PASO 2 El jugador 2 coloca un puñado de clips dentro de su caja.

PASO 3 Los dos jugadores cuentan sus objetos. Si la cantidad de clips del jugador 2 es mayor (menor) que la cantidad del jugador 1, él o ella empieza la siguiente ronda. Si es menor que la cantidad requerida, el jugador 2 sigue dirigiendo el juego.

Capítulo 1 pág. 1

Capítulo 1 pág. 2

Capítulo 1 pág. 3

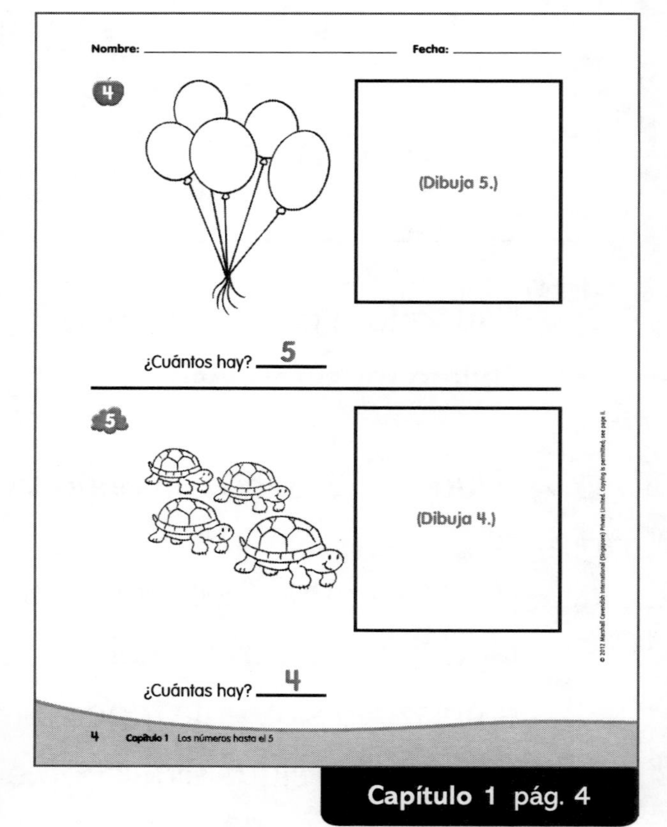

Capítulo 1 pág. 4

Capítulo 1 Respuestas

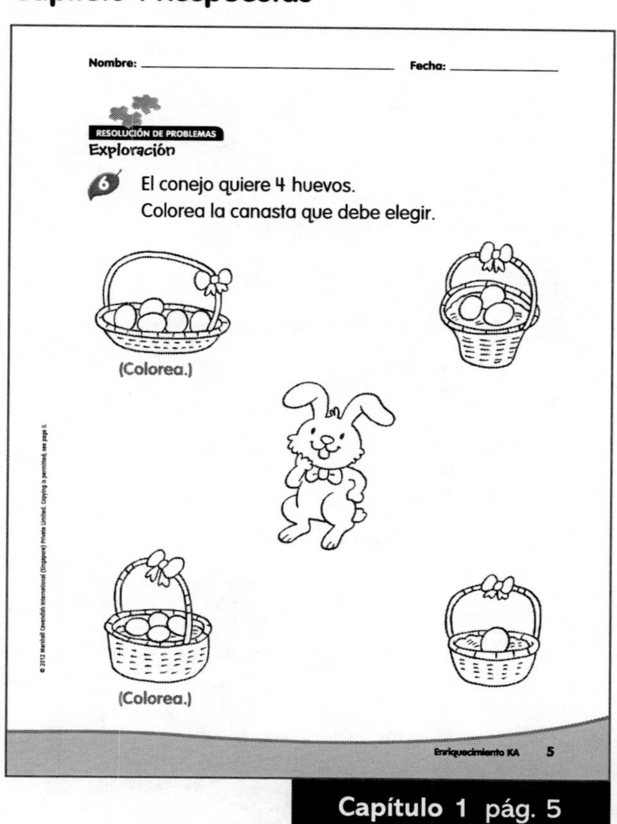

Nombre: ______ Fecha: ______

RESOLUCIÓN DE PROBLEMAS
Exploración

6 El conejo quiere 4 huevos.
Colorea la canasta que debe elegir.

(Colorea.)

(Colorea.)

© 2012 Marshall Cavendish International (Singapore) Private Limited. Copying is permitted; see page ii.

Enriquecimiento KA 5

Capítulo 1 pág. 5

Nombre: ______ Fecha: ______

Escribe en tu diario

¿Verdadero o falso?

7 Escribe *verdadero* o *falso*.
Si es falso, dile a tu amigo por qué.

a.

falso

b.

verdadero

c.

falso

d.

falso

© 2012 Marshall Cavendish International (Singapore) Private Limited. Copying is permitted; see page ii.

6 Capítulo 1 Los números hasta el 5

Capítulo 1 pág. 6

Capítulo 2 Respuestas

Nombre: ______ Fecha: ______

CAPÍTULO 2 Los números hasta el 10

Haz un dibujo

1 Dibuja más (cara sonriente) que (vaso).

(Acepte todas las respuestas razonables.)

2 ¿Cuántas cosas hay? Cuenta y escribe.

____ (cara sonriente) ____ (vaso)

© 2011 Marshall Cavendish International (Singapore) Private Limited. Copying is permitted; see page ii.

Enriquecimiento KA 7

Capítulo 2 pág. 7

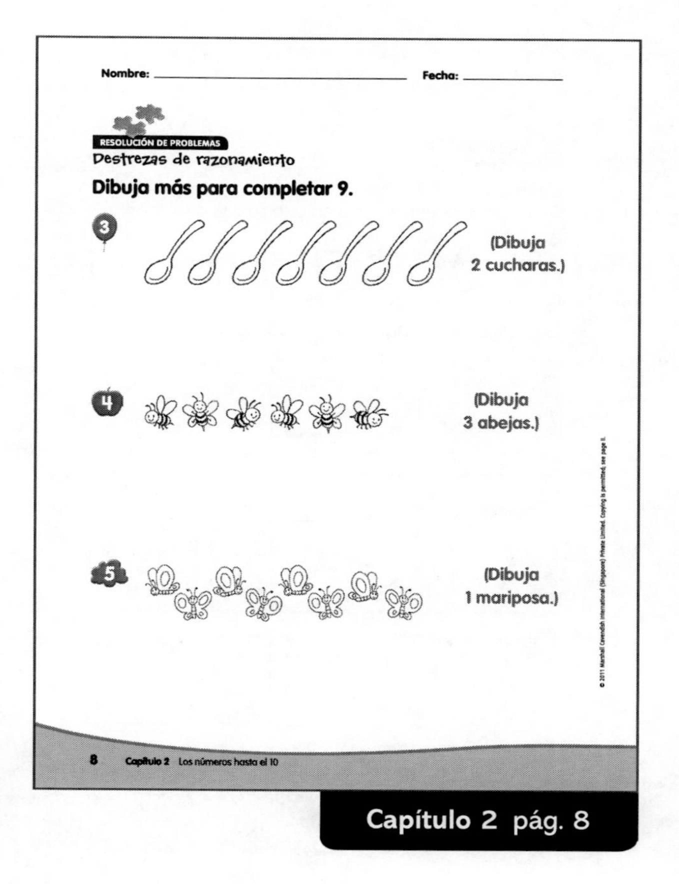

Nombre: ______ Fecha: ______

RESOLUCIÓN DE PROBLEMAS
Destrezas de razonamiento

Dibuja más para completar 9.

3 (Dibuja 2 cucharas.)

4 (Dibuja 3 abejas.)

5 (Dibuja 1 mariposa.)

© 2011 Marshall Cavendish International (Singapore) Private Limited. Copying is permitted; see page ii.

8 Capítulo 2 Los números hasta el 10

Capítulo 2 pág. 8

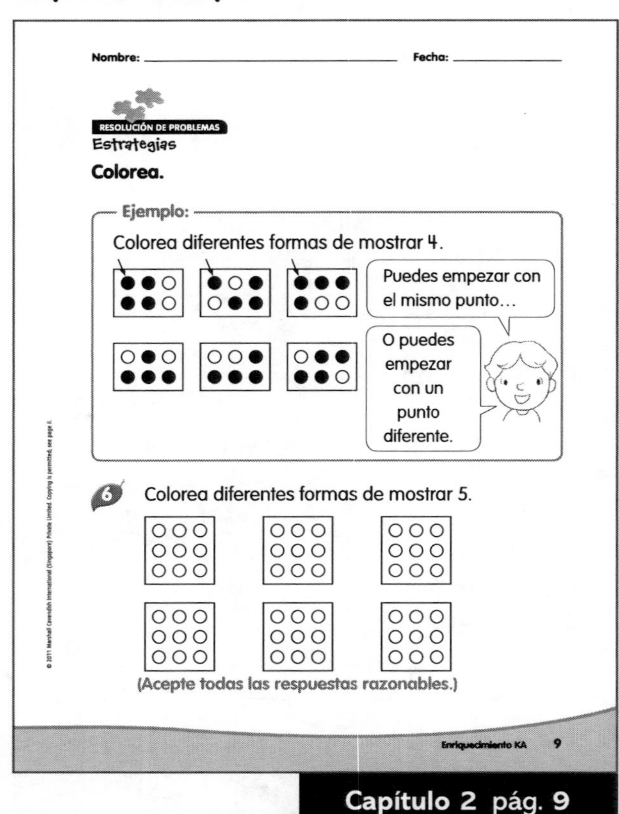

Capítulo 2 pág. 9

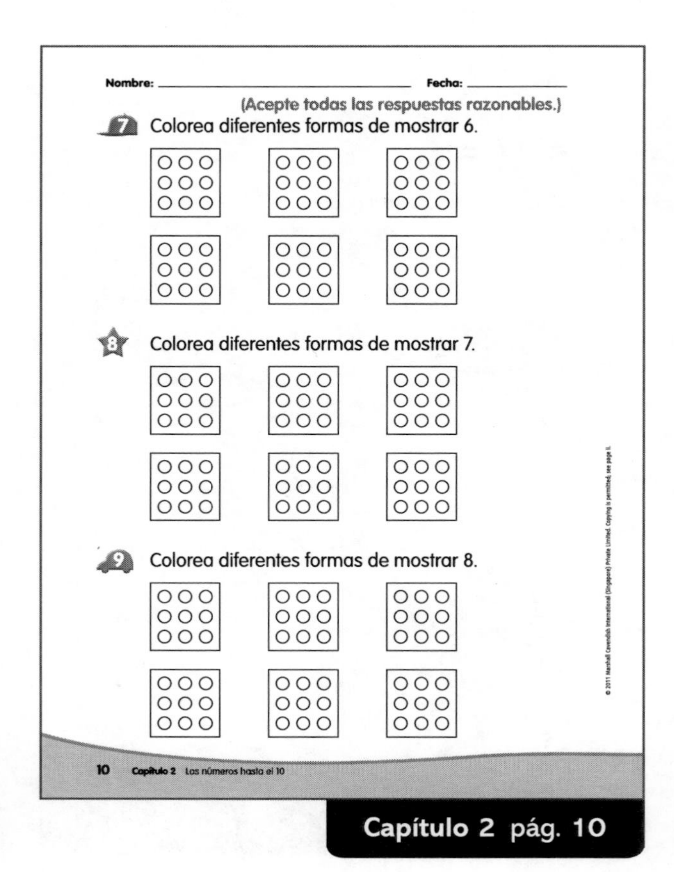

Capítulo 2 pág. 10

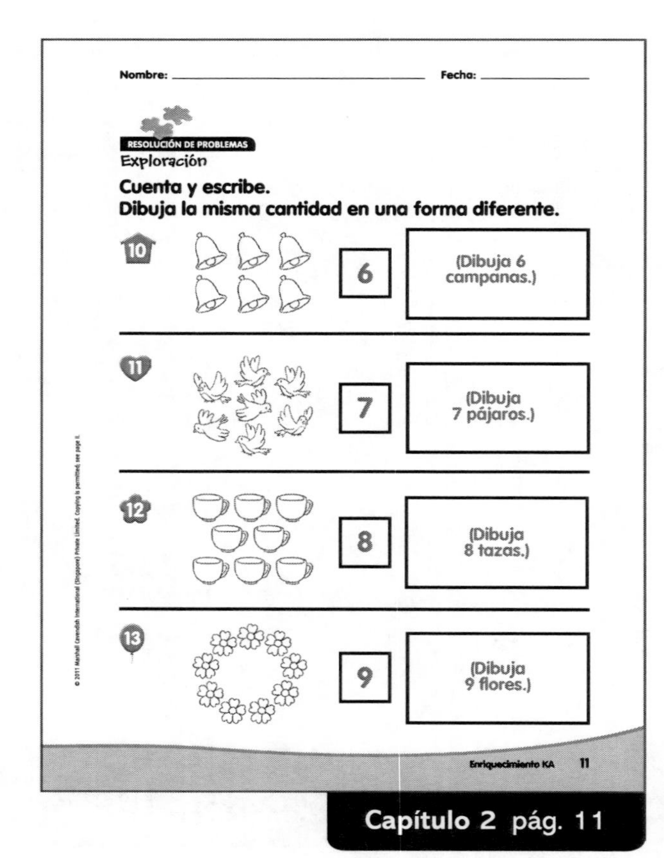

Capítulo 2 pág. 11

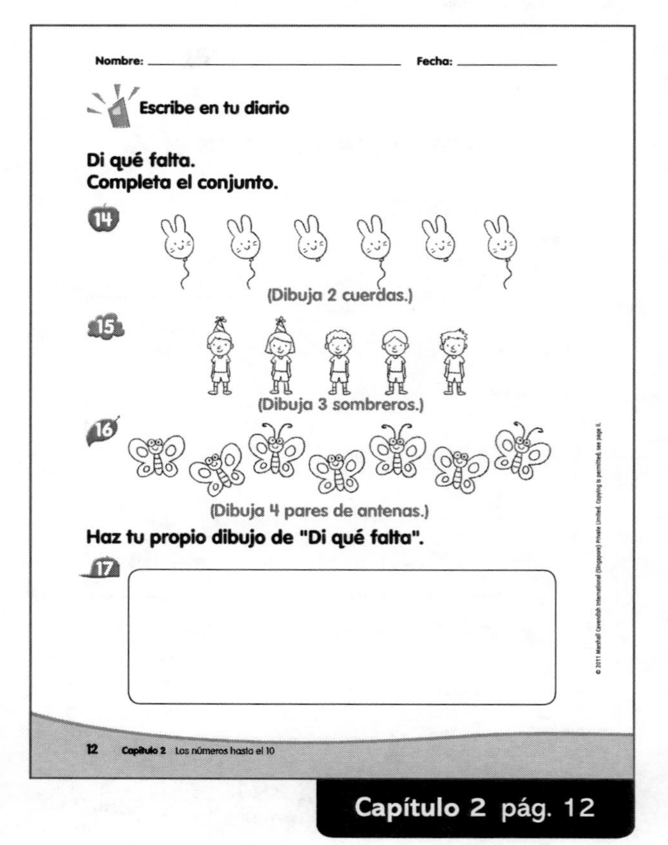

Capítulo 2 pág. 12

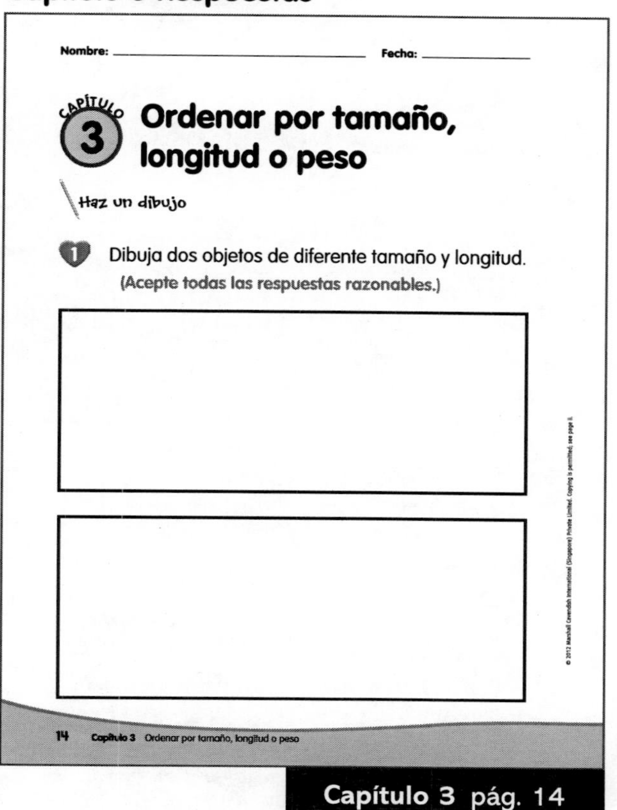

Capítulo 3 pág. 14

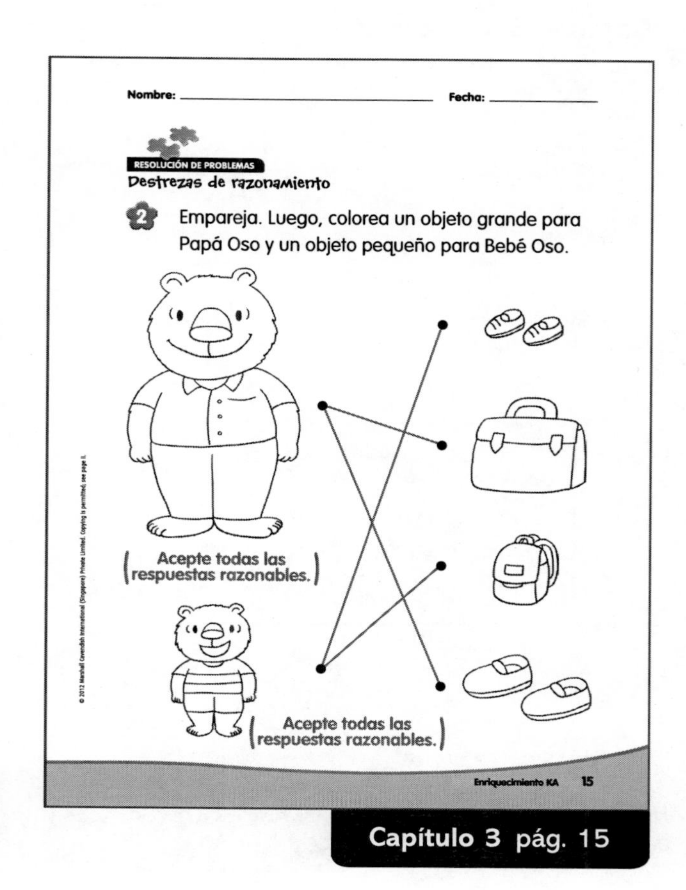

Capítulo 3 pág. 15

Capítulo 3 pág. 16

Capítulo 3 pág. 17

Capítulo 3 Respuestas

Nombre: ______________________ Fecha: ____________

RESOLUCIÓN DE PROBLEMAS

Exploración

6 Se necesitan sillas para 5 niños.
Colorea el objeto que necesitan.

(Colorea.)

18 Capítulo 3 Ordenar por tamaño, longitud o peso

Capítulo 3 pág. 18

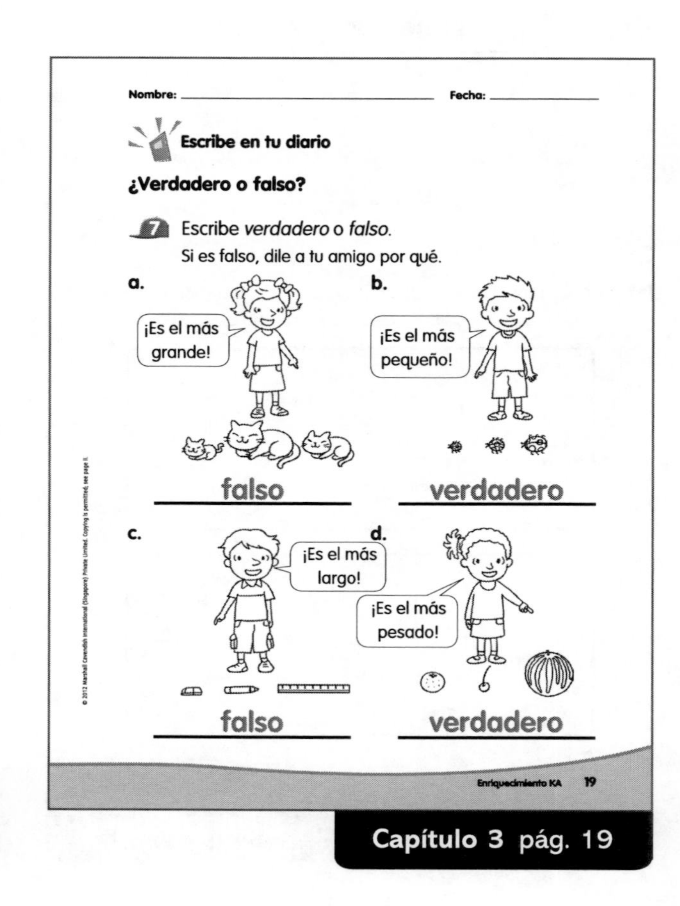

Nombre: ______________________ Fecha: ____________

Escribe en tu diario

¿Verdadero o falso?

7 Escribe *verdadero* o *falso*.
Si es falso, dile a tu amigo por qué.

a. ¡Es el más grande! — falso

b. ¡Es el más pequeño! — verdadero

c. ¡Es el más largo! — falso

d. ¡Es el más pesado! — verdadero

Enriquecimiento KA 19

Capítulo 3 pág. 19

Capítulo 4 Respuestas

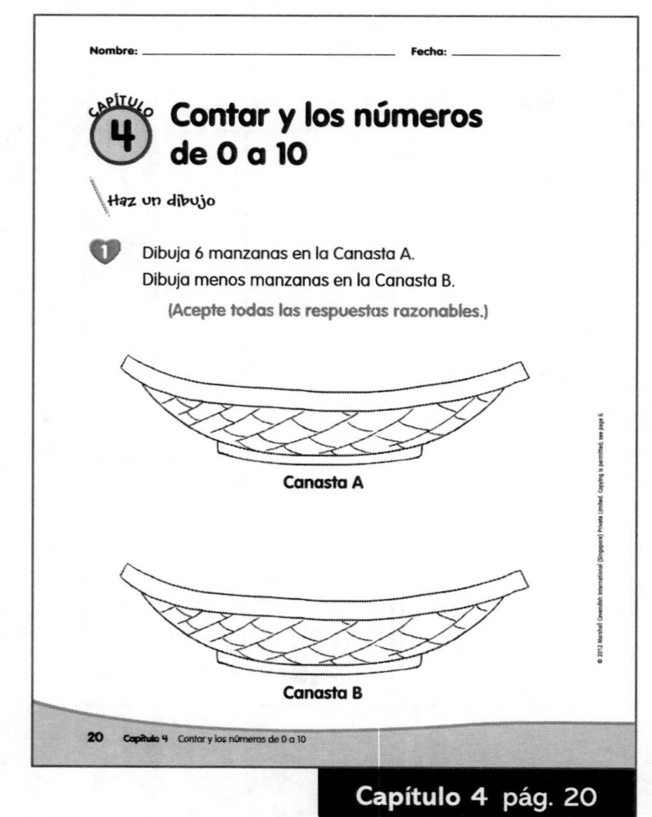

Nombre: ______________________ Fecha: ____________

CAPÍTULO 4 Contar y los números de 0 a 10

Haz un dibujo

1 Dibuja 6 manzanas en la Canasta A.
Dibuja menos manzanas en la Canasta B.

(Acepte todas las respuestas razonables.)

Canasta A

Canasta B

20 Capítulo 4 Contar y los números de 0 a 10

Capítulo 4 pág. 20

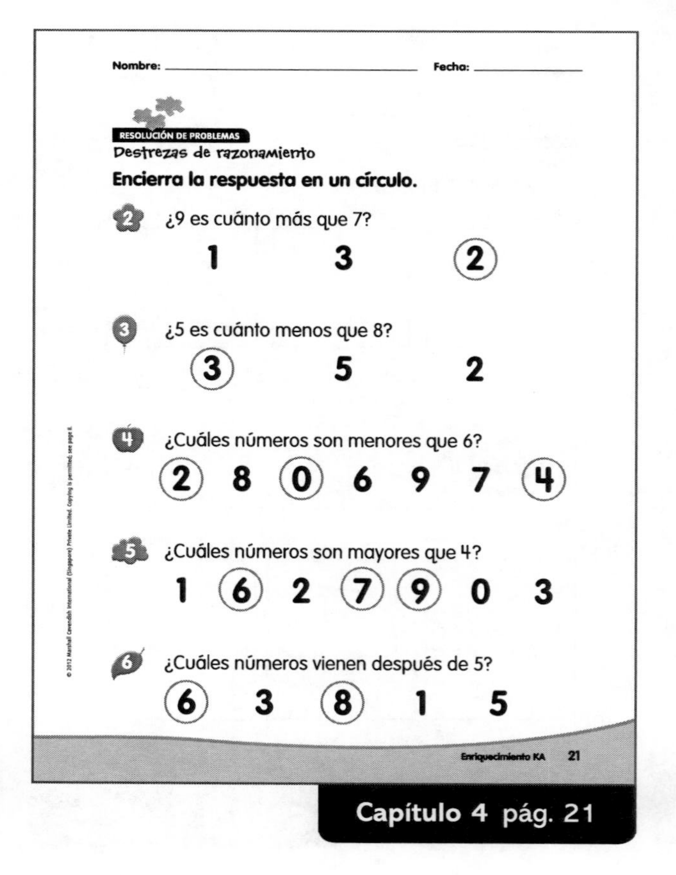

Nombre: ______________________ Fecha: ____________

RESOLUCIÓN DE PROBLEMAS

Destrezas de razonamiento

Encierra la respuesta en un círculo.

2 ¿9 es cuánto más que 7?

1 3 (2)

3 ¿5 es cuánto menos que 8?

(3) 5 2

4 ¿Cuáles números son menores que 6?

(2) 8 (0) 6 9 7 (4)

5 ¿Cuáles números son mayores que 4?

1 (6) 2 (7) (9) 0 3

6 ¿Cuáles números vienen después de 5?

(6) 3 (8) 1 5

Enriquecimiento KA 21

Capítulo 4 pág. 21

Capítulo 4 Respuestas

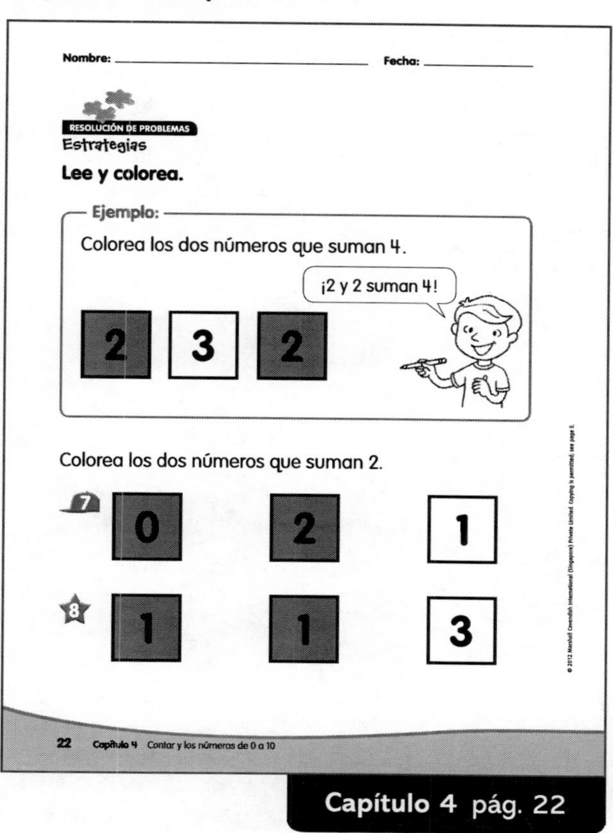

Capítulo 4 pág. 22

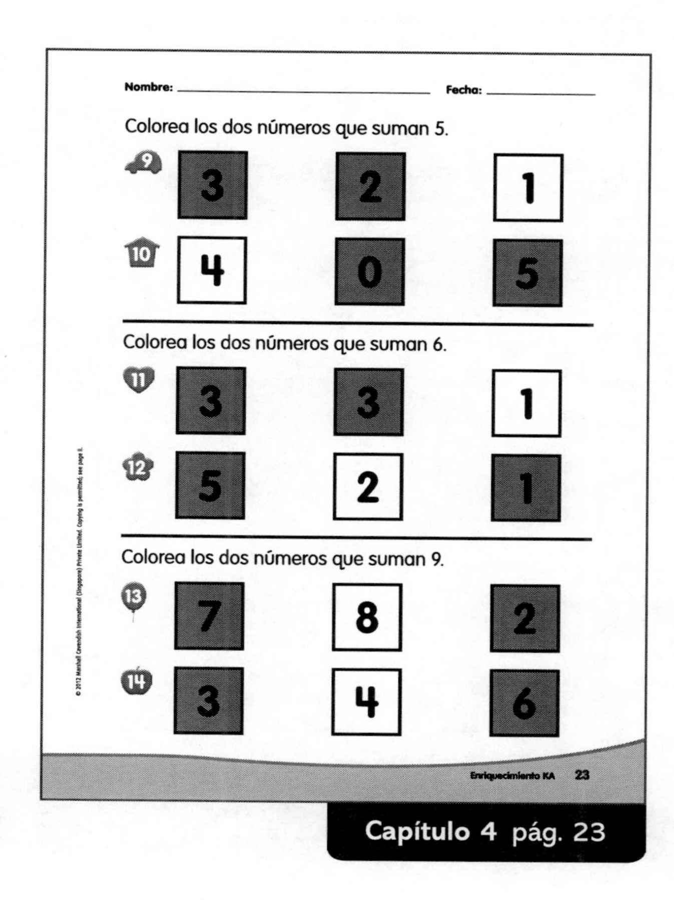

Capítulo 4 pág. 23

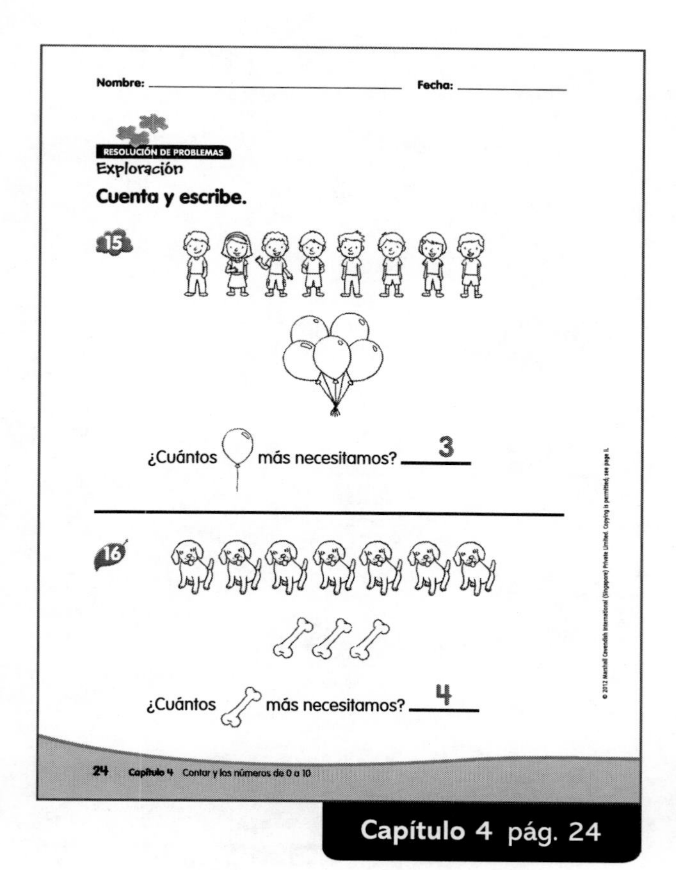

Capítulo 4 pág. 24

Capítulo 4 pág. 25

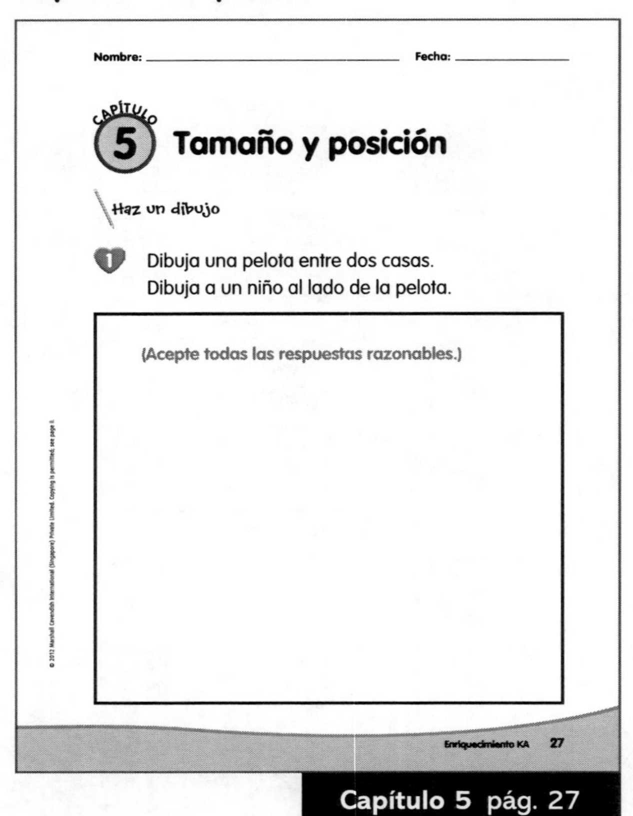

Capítulo 5 pág. 27

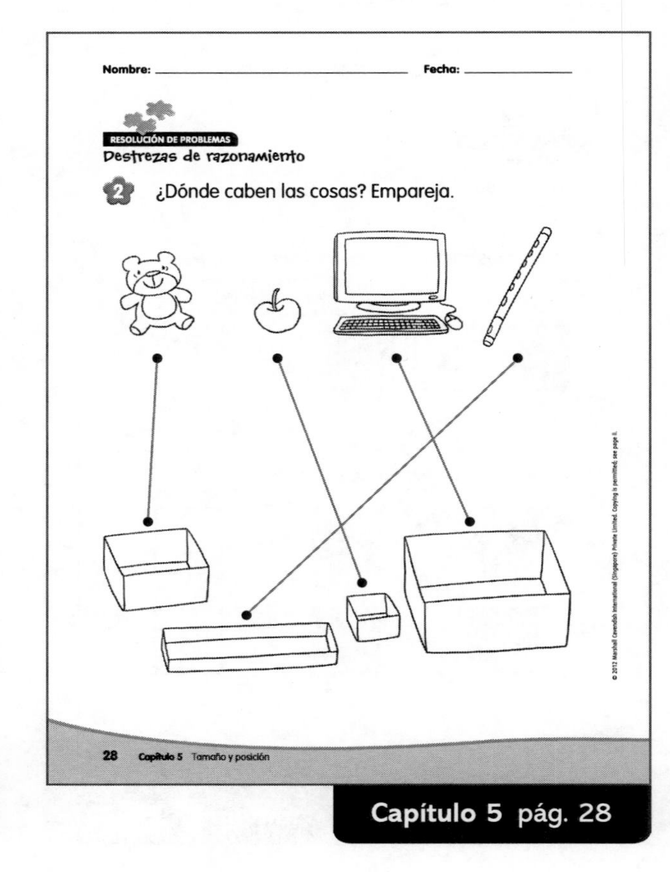

Capítulo 5 pág. 28

Capítulo 5 pág. 29

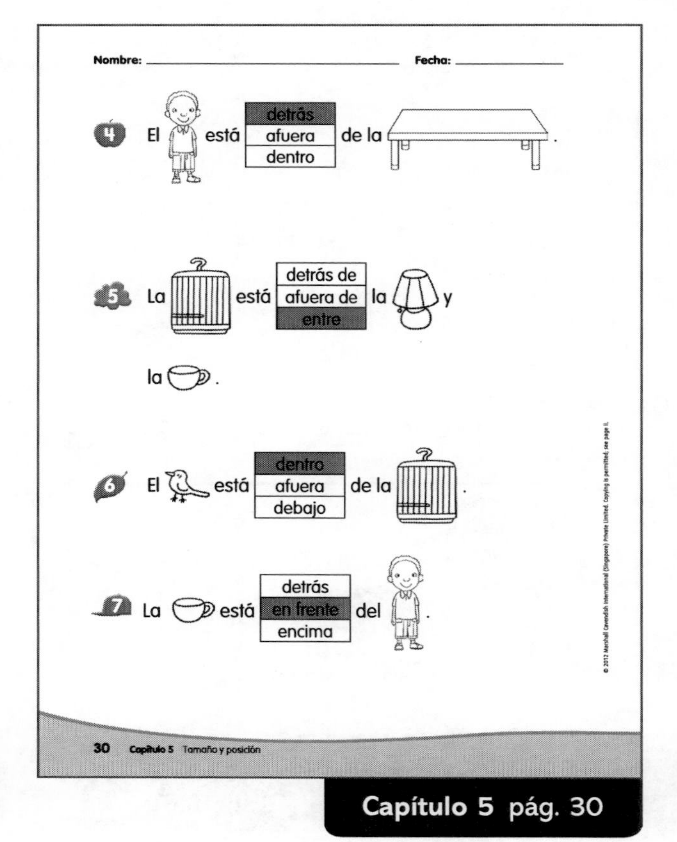

Capítulo 5 pág. 30

Capítulo 5 Respuestas

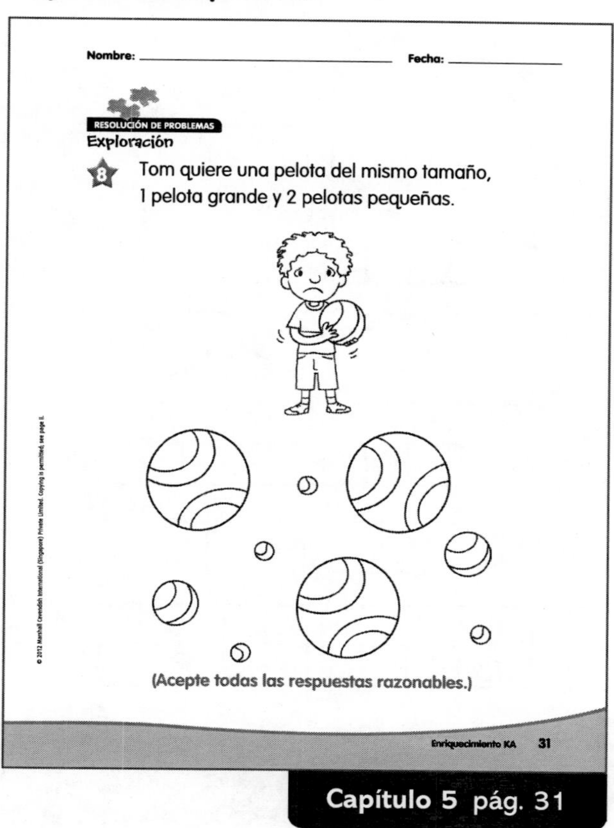

Nombre: ______________________ Fecha: __________

RESOLUCIÓN DE PROBLEMAS
Exploración

8 Tom quiere una pelota del mismo tamaño, 1 pelota grande y 2 pelotas pequeñas.

(Acepte todas las respuestas razonables.)

Enriquecimiento KA 31

Capítulo 5 pág. 31

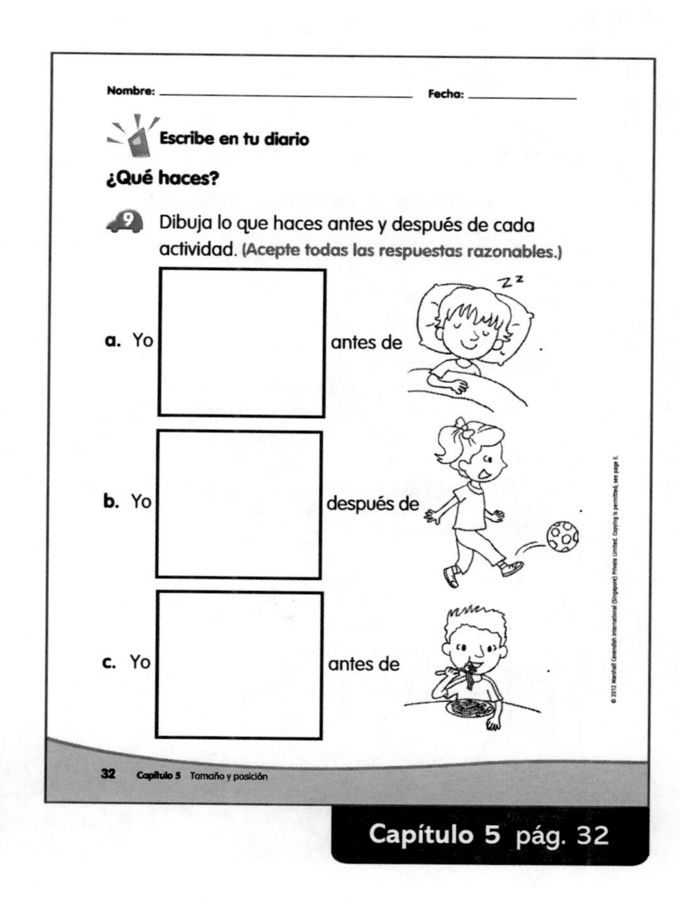

Nombre: ______________________ Fecha: __________

Escribe en tu diario

¿Qué haces?

9 Dibuja lo que haces antes y después de cada actividad. (Acepte todas las respuestas razonables.)

a. Yo [ ] antes de ____.

b. Yo [ ] después de ____.

c. Yo [ ] antes de ____.

32 Capítulo 5 Tamaño y posición

Capítulo 5 pág. 32

Capítulo 6 Respuestas

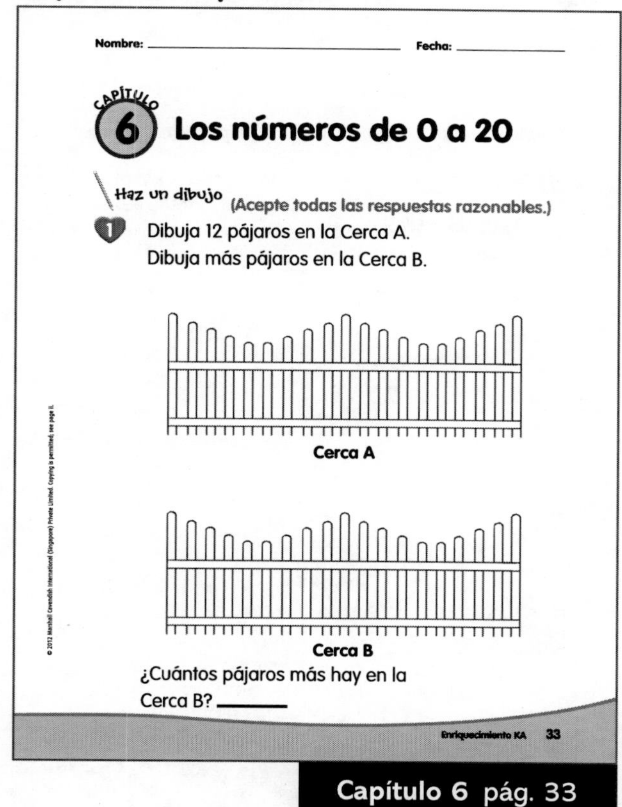

Nombre: ______________________ Fecha: __________

Capítulo 6 **Los números de 0 a 20**

Haz un dibujo (Acepte todas las respuestas razonables.)

1 Dibuja 12 pájaros en la Cerca A.
Dibuja más pájaros en la Cerca B.

Cerca A

Cerca B

¿Cuántos pájaros más hay en la Cerca B? ______

Enriquecimiento KA 33

Capítulo 6 pág. 33

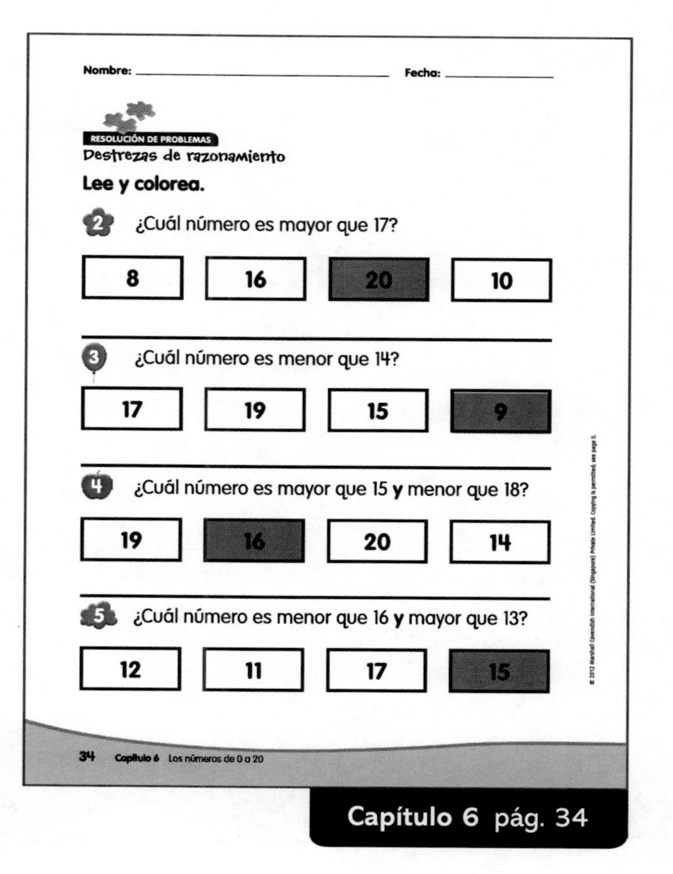

Nombre: ______________________ Fecha: __________

RESOLUCIÓN DE PROBLEMAS
Destrezas de razonamiento

Lee y colorea.

2 ¿Cuál número es mayor que 17?

8	16	20	10

3 ¿Cuál número es menor que 14?

17	19	15	9

4 ¿Cuál número es mayor que 15 **y** menor que 18?

19	16	20	14

5 ¿Cuál número es menor que 16 **y** mayor que 13?

12	11	17	15

34 Capítulo 6 Los números de 0 a 20

Capítulo 6 pág. 34

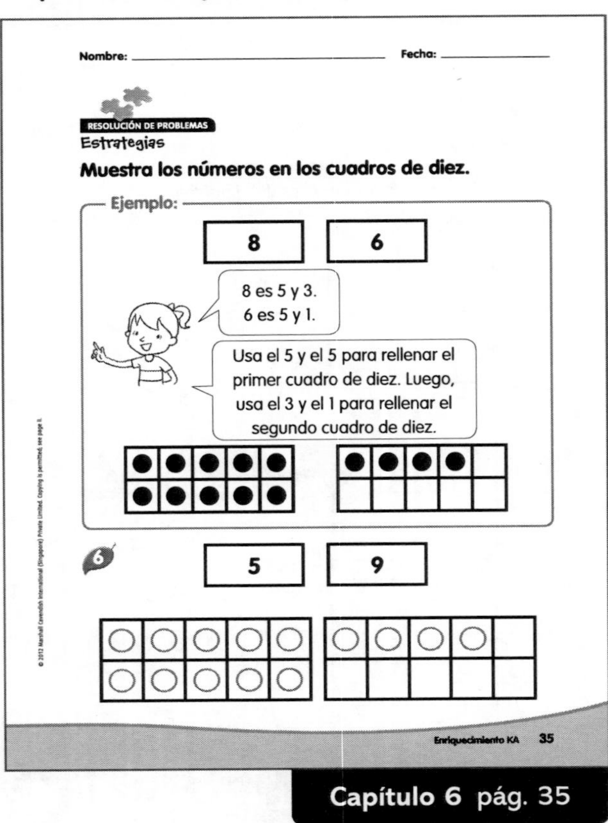
Nombre:
Fecha:
RESOLUCIÓN DE PROBLEMAS
Estrategias
Muestra los números en los cuadros de diez.
Ejemplo:
8
6
8 es 5 y 3.
6 es 5 y 1.
Usa el 5 y el 5 para rellenar el primer cuadro de diez. Luego, usa el 3 y el 1 para rellenar el segundo cuadro de diez.
6
5
9
Enriquecimiento KA 35
Capítulo 6 pág. 35

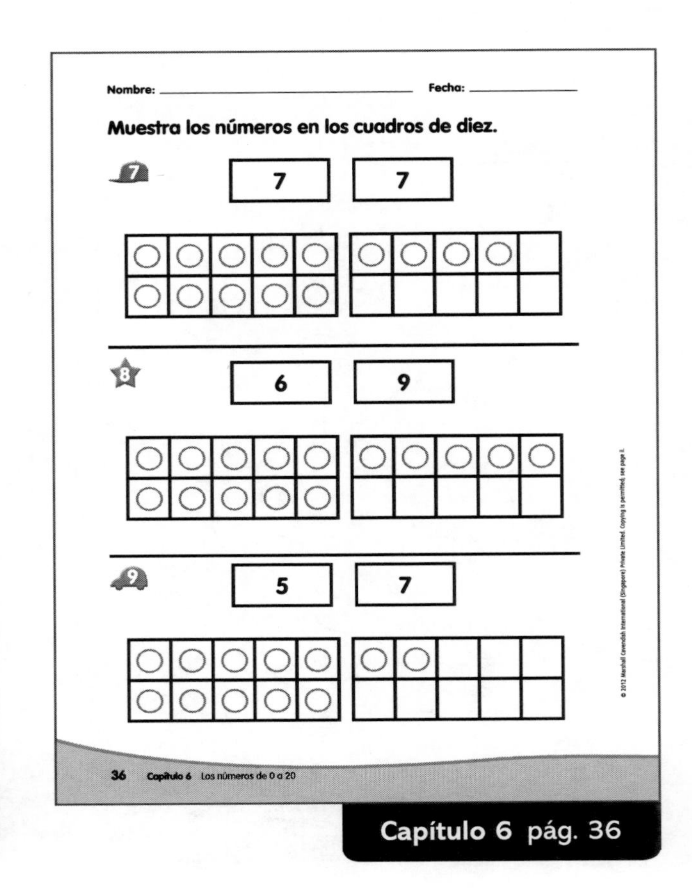
Nombre:
Fecha:
Muestra los números en los cuadros de diez.
7
7
7
8
6
9
9
5
7
36 Capítulo 6 Los números de 0 a 20
Capítulo 6 pág. 36

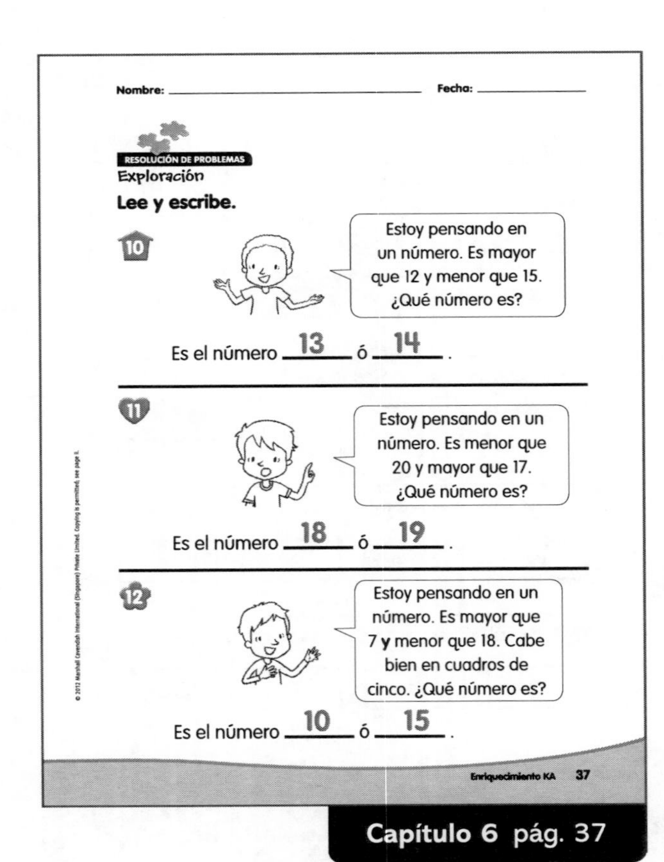
Nombre:
Fecha:
RESOLUCIÓN DE PROBLEMAS
Exploración
Lee y escribe.
10
Estoy pensando en un número. Es mayor que 12 y menor que 15. ¿Qué número es?
Es el número 13 ó 14.
11
Estoy pensando en un número. Es menor que 20 y mayor que 17. ¿Qué número es?
Es el número 18 ó 19.
12
Estoy pensando en un número. Es mayor que 7 y menor que 18. Cabe bien en cuadros de cinco. ¿Qué número es?
Es el número 10 ó 15.
Enriquecimiento KA 37
Capítulo 6 pág. 37

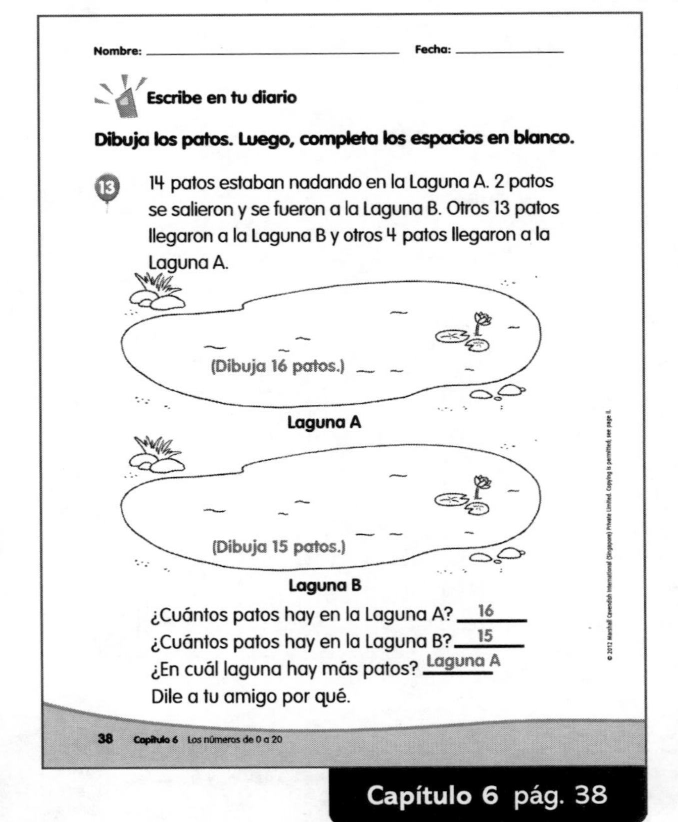
Nombre:
Fecha:
Escribe en tu diario
Dibuja los patos. Luego, completa los espacios en blanco.
13
14 patos estaban nadando en la Laguna A. 2 patos se salieron y se fueron a la Laguna B. Otros 13 patos llegaron a la Laguna B y otros 4 patos llegaron a la Laguna A.
(Dibuja 16 patos.)
Laguna A
(Dibuja 15 patos.)
Laguna B
¿Cuántos patos hay en la Laguna A? 16
¿Cuántos patos hay en la Laguna B? 15
¿En cuál laguna hay más patos? Laguna A
Dile a tu amigo por qué.
38 Capítulo 6 Los números de 0 a 20
Capítulo 6 pág. 38

BLANK

BLANK

BLANK